교육부 지정 안전 교육 7대 영역

교육부는 2015년 신학기부터 안전 교육 7대 영역 표준안을 마련해 유치원 및 초·중·고교에서 연령에 맞춰 교육을 하기로 했어요.
안전 교육 7대 영역 표준안은 *생활 *교통 *폭력·신변 *약물·사이버 *재난 *직업 *응급 처치 등으로 구성되었어요.
노루궁뎅이의 〈교육부 지정 안전 교육 7대 영역〉 시리즈는 교육부에서 발표한 안전 교육 7대 영역 표준안을 기준으로 꾸며졌어요.

노루궁뎅이는 여름에서 가을까지 졸참나무나 떡갈나무 등
활엽수의 줄기에 한 개씩 자라는 버섯 이름입니다.

글 · 노루궁뎅이 창작교실 / 그림 · 김예진 이옥경
노루궁뎅이 창작교실은 동화작가, 소설가, 시인 선생님들이 꾸려가는 공간입니다.
노루궁뎅이 창작교실에서 활동 중인 이종은의 『가을을 파는 마법사』는
초등 1~2학년군 통합교과 『가을1』에 수록되었습니다.

생활 안전 – 공산품 안전 · 식품 안전
안심해! 공산품 왕국 식품 왕국

2판 1쇄 인쇄 2018년 1월 20일
2판 1쇄 펴냄 2018년 1월 25일

글 · 노루궁뎅이 창작교실 | 그림 · 김예진 이옥경

펴낸이	최성재
펴낸곳	도서출판 노루궁뎅이
등록번호	제101-91-28648
등록일	2011년 10월 24일
대표전화	070)4156-2292
팩스	02)6280-2292

ⓒ노루궁뎅이
이 책은 저작권법에 따라 보호를 받는 저작물이므로 무단전재와 무단복제를 금합니다. 이 책 내용의 전부
또는 일부를 이용하려면 저작권자의 서면 동의를 받아야 합니다.

안심해!
공산품 왕국 식품 왕국

글·노루궁뎅이 창작교실 | 그림·김예진, 이옥경

어떤 책가방이 좋을까?

"네 책가방은 정말 예뻐. 반짝거리고 그림도 화려하고."
소미는 예쁜 나희 책가방이 부러웠어요.
"내 것은 헝겊이라 반짝이지도 않고 부드럽지도 않아."
"그런데 책가방 끈이 닿은 어깨가 무지 가려워."
나희는 어깨를 자꾸 긁었어요.
"가방 끈이 닿은 자리가 엄청 부었어……."
나희 어깨를 살펴본 소미는 깜짝 놀랐어요.

"아프고 가려워."
나희가 울상을 지었어요.
"네 가방 끈에 독이 묻었나 봐."

· 반짝이는 책가방의 표면에는 프탈레이트라는 화학 첨가제가 들어 있어요.
· 화려한 색깔의 책가방에는 페인트의 중금속인 납이 함유될 가능성이 높아요.
· 피부에 직접 닿는 어깨끈이나 가방 뒷면은 코팅되지 않은 제품이 좋아요.
· 천으로 만들어진 책가방을 구입하는 것이 좋아요.
· 가능하면 KC 마크나 환경 마크가 있는 제품을 선택해요.

어떤 학용품이 좋을까?

"엄마가 학용품 새로 사 줬어."
나희는 친구들 앞에서 학용품을 자랑했어요.
"지우개가 엄청 말랑말랑해. 공책이랑 필통도 예뻐."
아이들은 나희 학용품을 부러워했어요.
"필통에서 향기가 솔솔~ 먹으면 맛있을 것 같아."
나희는 필통을 냠냠 먹는 시늉을 했어요.
"정말 카스텔라 향기가 난다."

소미는 자랑만 하는 나희가 얄미웠어요.

"버섯 중에서도 예쁜 버섯에는 독이 엄청 많댔어. 네 학용품에도 독이 많을지 몰라."

너무 샘이 나서 한 말이에요.

그런데 갑자기 나희가 책상에 엎드렸어요.

"머리가 너무 아파."

나희 얼굴이 안 좋아 보여요.

"속도 울렁울렁거려. 토할 것 같아."

"정말 네 학용품에 독이 있었나 봐……."

- 반짝이는 재질의 필통에는 화학 물질인 프탈레이트가 들어 있을 가능성이 높아요.
- 화려한 필통은 페인트 칠을 하는데, 페인트 속에는 두통, 환각, 발달 장애 등을 일으키는 독성이 들어 있는 경우가 많아요.
- 천이나 종이 재질로 만들어진 필통을 구입하는 것이 좋아요.
- 가능하면 KC 마크나 환경 마크가 있는 제품을 선택해요.

· 공책은 겉표지에 비닐 코팅된 제품은 될 수 있으면 구매하지 않는 것이 좋아요.
· 코팅지 재질이 폴리염화비닐(PVC)일 경우 프탈레이트가 들어 있을 가능성이 높아요.
· 내지가 새하얀 종이에는 **형광증백제, 표백제**가 사용되었을 가능성이 높아요. 재생지를 이용한 공책을 고르는 것이 좋아요.
· 가능하면 KC 마크나 환경 마크가 있는 제품을 선택해요.

· 향기가 많이 나는 지우개에는 독성 강한 향료가 들어 있을 수 있어요.
· 지나치게 말랑거리는 지우개에는 어린이에게 치명적인 장애를 일으키는 **프탈레이트**가 많이 들어 있어요.
· 재질이 천연고무인 제품을 구입하는 것이 좋아요.
· 가능하면 KC 마크나 환경 마크가 있는 제품을 선택해요.

· 연필 속에는 납 성분이 들어 있을 수 있어요. 입에 넣고 씹을 경우 많은 양의 납이 몸 안으로 들어갈 수 있어요.
· 친환경 제품의 연필을 선택하는 것이 좋아요.
· 가능하면 KC 마크나 환경 마크가 있는 제품을 선택해요.

· 크레파스나 색연필은 절대 입에 물면 안 돼요. 1,4-다이옥산, 납 등 독성이 강한 물질이 많이 들어 있어요.
· 가능하면 KC 마크나 환경 마크가 있는 제품을 선택해요.

· 유난히 부드러운 지점토에는 프탈레이트가 들어 있을 가능성이 높아요.
· 합성수지재가 아닌 제품을 골라야 해요.
· 가능하면 KC 마크나 환경 마크가 있는 제품을 선택해요.

*형광증백제는 아토피나 피부 염증을 일으키고, 위장 장애가 나타날 수 있어요.

*표백제는 색을 하얗게 해주는 성분으로 강한 독성을 지니고 있어요.

*프탈레이트는 어린이 성장을 방해하는 등 치명적인 발달 장애를 일으켜요.

*납은 지능 지수 및 주의력을 떨어뜨리고 성장을 방해하며, 피부염, 탈모증, 청각장애, 성격 포악 등을 일으킬 수 있어요.

*1,4-다이옥산은 대표적인 발암물질로 피부습진을 일으키고, 심하면 천식으로 이어질 수 있어요.

학용품을 어떻게 사용할까?

"지우개가 엄청 말랑말랑해. 꼭 젤리 같아."
"향기도 얼마나 좋은데. 젤리처럼 먹어도 될 것 같아."
소미와 나희는 지우개를 코에 대고 향기를 맡았어요.
"무슨 맛인지 먹어볼까?"
소미가 물었어요.
"그래, 먹어 보자."
나희가 먼저 지우개를 입에 넣었어요.
"에퉤! 지독한 맛이야."
나희가 얼굴을 찡그렸어요.
"에퉤! 똥 맛이야!"
소미도 빨리 지우개를 뱉었어요.

"내 연필심은 엄청
강해. 연필 씨름 하자."
소미도 학용품 자랑을
하고 싶었어요.
"내 연필심도 엄청 세!"
소미와 나희는 연필심 씨름을 했어요.
그런데 나희 손등에 연필심이 박히고 말았어요.
"어떻게 해……."
소미 손가락에서는 피가 나고요.
"연필심에 긁혔어."
"왜 연필심 씨름하자고 해!"
나희가 얼굴을 찡그리며 소리쳤어요.

· 학용품은 용도 이외는 사용하지 말아요.
· 학용품을 입에 내거나 입에 넣고 빨면 안 돼요.
· 연필심, 가위 등 날카로운 것에 찔리지 않도록 주의를 기울여요.
· 학용품 사용 후에는 손을 씻어요.
· 가방이나 필통 모서리에 찔리거나 베이지 않도록 주의해요.
· 어린 아기가 학용품을 삼킬 수 있으니 주의를 기울여요.

어떤 공산품이 안전할까?

"엄마, 공산품이 뭐예요?"
"공장에서 만든 물건은 모두 공산품이라고 해."
"그럼 학용품이랑 장난감도 공산품이에요?"
"휴지, 비누, 치약, 자동차, 자전거, 장난감, 시계……. 공산품 종류는 엄청 많단다."
"아이스크림, 과자, 라면도 공산품이에요?"
"그래. 인형, 책도 공산품이란다."
"우리 집에는 공산품이 주인이네."
"우리는 공산품 덕분에 편리하게 생활하지만 잘 알고 사용하지 않으면 위험할 수도 있단다."
"불도 안전하게 쓰면 고맙지만 위험하게 사용하면 무서워지는 것처럼요?"
"호호, 소미가 벌써 공산품 척척 박사가 됐네."

"우리 집에 공산품이 몇 가지나 있을까?"
소미는 집 안을 돌아다니며 공산품을 세어 보았어요.
"하나, 둘, 셋, 넷, 다섯, 여섯, 일곱, 여덟, 아홉, 열……, 후유~ 공산품이 너무 많아."
엄마가 만든 요리 빼고는 모두 공산품 같아요.
"엄마, 우리 가족은 공산품이 아니어서 다행이에요."
"무슨 소리야?"
"우리 가족도 공산품이었다면 엄청 슬펐을 거예요."
소미 말에 엄마가 호호, 소리내어 웃었어요.

· 음식 등, 유통 기한이 있는 물건은 날짜를 반드시 살펴요.
· 사용 시 주의사항을 살펴요.
· 안전 품질 검사를 받았는지 확인해요.
· 먹는 음식은 식품안전 인증마크를 꼭 확인해요.
· 건강을 해치는 독성이 있는 제품은 구입하면 안 돼요.
· 공산품을 사려면 어른의 도움을 받아요.

장난감은 어떻게 갖고 놀까?

소미는 난희와 장난감 놀이를 하며 놀았어요.
"칙칙폭폭~ 칙칙폭폭~"
난희는 장난감을 끌고 집 안을 돌아다녔어요.
아기가 장난감을 입에 넣으려고 했어요.
"난희야, 장난감을 어질러 놓으니까 아기가 입에 넣잖아!"
"왜 아기들은 뭐든 손에 잡히면 입에 넣으려고 할까?"
난희가 투덜댔어요.

장난감을 청소·관리하는 여러 가지 방법

천으로 만든 장난감

천으로 만들어진 장난감은 셀로판테이프로 먼지를 없앤 뒤에 유아용 세제에 씻어 말려요.

고무나 비닐 장난감

고무 또는 비닐 등으로 만들어진 장난감은 부드러운 천에 유아용 세제를 묻혀서 닦은 뒤에 깨끗이 씻어서 말려요.

금속으로 만든 장난감

금속으로 만들어진 자동차, 총 같은 장난감은 마른 수건과 면봉으로 녹슨 부분과 먼지를 깨끗이 닦아요.

플라스틱 장난감

플라스틱으로 만들어진 미끄럼틀처럼 큰 장난감은 젖은 수건으로 자주 닦고, 작은 장난감은 유아용 세제를 칫솔에 묻혀서 먼지와 얼룩을 제거해요.

나무로 만든 장난감

나무로 만들어진 장난감은 물기를 묻힌 천으로 얼룩 제거를 해요. 지저분할 때는 부드러운 천이나 스펀지에 유아용 세제를 묻혀 닦은 뒤에 그늘에서 말려요.

털이 많은 장난감

털이 많은 장난감은 자주 먼지를 털고 햇볕에 말려요. 세탁이 필요할 때는 미지근한 물에 유아용 세제를 풀어서 부드럽게 세탁한 뒤에 햇볕에 바짝 말려요.

어떤 장난감이 좋을까?

"엄마 이 표시는 뭐예요?"

"장난감 안전 표시야. 장난감 살 때 확인하면 여러 모로 좋단다."

장난감 안전 표시 읽는 방법

Q 마크 : 국내에서 만든 제품을 대상으로 생활용품 시험 연구원에서 발행하는 품질 보증 마크예요.

검 마크 : 공산품의 안전도를 해당 검사 기관이 평가해서 인정해 주는 검사 필증이에요.

KS 마크 : 공산품의 품질을 정부가 정한 표준규격으로 평가하여 일정 수준에 이른 제품에 주는 마크예요.

환경 마크 : 제품 생산의 전 과정을 평가하여 환경성이 우수한 제품으로 인증한 마크예요.

식품을 어떻게 보관해야 안전할까?

"우와! 고기랑 야채가 무지 많아요. 생선도 많고요."
"내일 아빠 생신이라서 음식을 만들려고 한단다."
"저도 도와 드릴게요."
소미는 엄마를 도와 야채를 다듬었어요.
"소미가 효녀구나. 덕분에 일이 훨씬 쉽겠는걸."
엄마가 칭찬했어요.
"저보다 냉장고가 더 효녀예요. 음식물을 얼마든지 넣어 둘 수 있잖아요."
"냉장고에도 음식을 오래 보관하면 안 돼. 냉장고 안에서도 세균이 번식하거든."
"그럼, 한 달 전에 냉장고에 넣어 둔 아이스크림도 버려야 해요?"
"호호~ 아깝지만 버려야 되겠다."
"아깝다. 아꼈는데 쓰레기가 되다니."

- 고기, 생선, 우유 등은 반드시 냉장, 냉동 보관해요.
- 냉동 보관한 식품도 3개월을 넘기면 안 돼요.
- 과일과 채소는 냉장 보관하고, 쓰다 남은 것은 냉장고 채소 박스에 보관해요.
- 양파, 당근 등은 그물망에 넣어 바람이 잘 통하는 그늘에 둬요.
- 말린 식품은 밀폐용기에 넣어 냉장고에 보관해요.
- 캔이나 병은 바람이 잘 통하는 곳이나 냉장 보관해요.
- 통조림은 개봉한 뒤에는 반드시 다른 그릇에 옮겨 보관해요.

어떤 음식을 먹을까?

"엄마 피자 먹고 싶어요. 콜라도 먹고 싶고요."
소미는 엄마를 졸랐어요.
"그런 가공 식품은 몸에 나빠."
"엄마는 내가 좋아하는 소시지, 햄버거도 못 먹게 해."
"대신 엄마가 야채랑 고기로 맛있게 저녁 지어줄게."
엄마가 소미를 달랬어요.
"나는 야채 싫어요!"
소미는 엄마가 미웠어요.

· 가공 식품은 될 수 있으면 먹지 않아요.
· 신선한 과일과 야채를 많이 먹어요.
· 잡곡을 많이 먹어요.
· 고기, 생선, 콩 제품, 달걀 등을 골고루 먹어요.
· 음식을 가리지 말고 골고루 영양소를 섭취해요.
· 설탕이나 지방이 많은 음식은 적게 먹어요.

식중독은 어떻게 예방할까?

"떡볶이다~"
학교에서 돌아온 소미는 떡볶이를 보고 기분이 좋았어요.
"맛있게 먹겠습니다!"
소미는 얼른 의자에 앉았어요.
"안 돼! 밖에서 들어오면 먼저 손부터 씻어야 해."
엄마가 소미를 막았어요.
"떡볶이 먼저 먹고 씻으면 안 돼요?"
"지금 네 손에는 식중독을 일으키는 세균이 엄청 많아."
"알겠어요. 맛있는 떡볶이를 세균과 함께 먹기는 싫어요."
소미는 깨끗이 손을 닦았어요.

- 외출했다 돌아와서는 반드시 손을 씻어요.

- 식품은 오래 두지 말고 곧바로 먹거나 조리해서 먹어요.

- 고기, 생선 등은 반드시 익혀서 먹어요.

- 과일, 채소 등은 흐르는 물에 충분히 씻어서 먹어요.

- 음식이 남았을 때는 뚜껑을 잘 닫아서 냉장 보관해요.

"오늘은 간식 싸 오는 날! 나는 컵라면이다!"
"나는 딸기 우유랑 초콜릿 파이 먹을 거야."
"나는 과자하고 소시지야."
아이들은 싸 온 간식을 자랑했어요.
"딸기 우유에는 딸기가 들어 있지 않아요. 초콜릿 파이에도 초콜릿이 들어 있지 않고요."
선생님 말에 아이들은 깜짝 놀랐어요.
"그럼 뭐가 들어 있어요?"

"딸기 우유에는 벌레에서 뽑아 만든 색소가 들어 있고, 초콜릿 파이는 몸에 안 좋은 기름으로 만들었어요."
"으악! 그럼 알록달록한 과자랑 사탕은요?"
"색을 예쁘게 내는 타르 색소라는 화학 물질로 만들었는데, 타르 색소란 치즈, 버터, 아이스크림, 과자, 캔디 등에 들어가는 독이 많은 화학 물질이에요."
"어떻게 해. 우리가 독을 먹었어."
"나는 그래도 과자랑 사탕이 좋은데 어떻게 해……."
아이들이 울상을 지었어요.

★식품 첨가제가 왜 나쁠까?
· 식품에 넣는 첨가물은 500여 종이 넘어요.
· 첨가제는 한번 몸에 들어가면 몸 안에 쌓여서 건강을 해치고, 환경 호르몬으로 인해 자연의 먹이사슬을 파괴하기도 해요.
· 어린이들이 첨가제를 많이 먹을 경우 알레르기, 만성 천식, 비만, 편두통, 아토피가 심해져요. 집중력이 산만해져서 공부 의욕이 떨어지고 폭력적으로 변하기도 해요.
· 식품 첨가물의 독성은 급성 독성이 아니더라도 몇 년, 혹은 몇 대가 지나서야 비로소 암이나 기형아 출산 등으로 나타날 수도 있어요.

공산품 · 식품 안전 신문

· 몸에 나쁜 첨가물을 몸 밖으로 배출시키고, 위험한 물질이 몸에 쌓이는 것을 막으려면 싱싱한 야채와 과일을 꾸준히 먹는 것이 좋아요.

· 식품을 살 때는 유통 기일, 어떤 종류의 첨가물이 들어 있나 확인해 보는 습관을 들여요.
· 먹고 싶어도 나쁜 독성이 있는 식품일 경우에는 구입하지 않아요.
· 가공 식품을 너무 자주 먹지 말아요.

· 옥상이나 베란다에 텃밭을 만들어서 채소를 가꿔 먹는 것도 좋은 방법이에요.

· 각종 첨가물이 많이 들어간 소시지, 햄, 어묵, 게맛살 등은 칼집을 내어 물에 삶아 낸 다음 깨끗이 씻어 먹으면 첨가물들을 많이 제거할 수 있어요.

· 라면에는 쫄깃한 맛을 내기 위해 미네랄을 없애는 인산나트륨이라는 화학 물질이 들어 있어요. 면을 뜨거운 물에 한 번 삶은 뒤에 조리해서 먹으면 좋아요.

공산품과 식품 안전이 왜 중요할까?

여러분 주변을 둘러 보고 공산품이 몇 가지나 되는지 세어 보세요. 우리는 수없이 많은 공산품을 사용하며 살고 있어요. 또 우리가 먹는 식품도 살펴 보세요. 숫자를 헤아릴 수 없을 만큼 많은 식품이 냉장고, 또는 부엌에 있을 거예요. 모두 우리가 생활하는 데 없어서는 안 될 것들이에요. 하지만 무턱대고 사용만 한다면 우리에게 큰 독이 되는 것들도 많아요. 쓰는 물건, 먹는 음식 하나 하나를 따져보고 사용하는 지혜가 무엇보다 필요해요.

1 여러분의 학용품 중에 가장 화려하고 예쁜 것은 무엇인가요? 그 학용품은 무엇으로 만들어졌으며 여러분 건강에 피해를 줄까요? 안 줄까요?

· 가장 화려하고 예쁜 학용품은?
    ....

· 무엇으로 만들어졌을까?
    ....

· 건강에 피해를 줄까? 안 줄까?
    ....

② 반짝거리고 화려한 그림이 그려진 책가방과 화려하지 않지만 부드러운 천으로 만든 가방이 있어요.
여러분은 어떤 가방을 선택할까요?
그 이유는 무엇 때문인가요?

· 어떤 책가방을 선택할까?

....

· 그 이유는?

....

③ 여러분이 갖고 노는 장난감에는 어떤 안전 표시가 있는지 살펴 볼까요?

④ 라면은 뜨거운 물에 한번 삶아내고, 햄, 어묵, 소시지, 게맛살 등도 뜨거운 물에 한 번 삶아야 그 속에 든 각종 첨가물을 많이 제거할 수 있어요.
그렇게 했을 때 맛의 차이가 있는지 없는지 실험해 볼까요?

교육부 지정 안전 교육 7대 영역 시리즈 (전10권)

01 만세! 학교는 즐거운 놀이터
생활 안전 - 학교 안전

02 조심해! 우리 집이 조마조마
생활 안전 - 가정 안전

03 안심해! 공산품 왕국 식품 왕국
생활 안전 - 제품 안전

04 괜찮아! 안전하게 놀면 돼
생활 안전 - 신체 활동 안전

05 다행이야! 우리 집을 찾았어
생활 안전 - 유괴 및 미아 사고 방지

06 멈춰! 교통 안전을 지켜
교통 안전

07 멈춰! 하지 마! 싫어! 포돌이 대작전
폭력 및 신변 안전

08 도와 줘! 어린 왕자의 서울 여행
약물 · 사이버 중독

09 큰일났다! 무서운 괴물이 공격했어
재난 안전

10 비켜! 구급차가 달리잖아
응급 처치